어린이 농부
해쌀이

어린이 농부 해쌀이

이동미 · 윤서원 글 | 심보영 그림

내인생의책

 해쌀이와 친구해요!

　재잘재잘 해쌀이가 할아버지와 손을 잡고 논둑을 걸어옵니다. 살랑살랑 바람이 말을 걸어요. 해쌀이가 쪼그리고 앉아 논물에 뜬 개구리밥을 들여다봐요. 매끈한 볏줄기에 달라붙어 있던 참개구리가 첨벙하며 논으로 뛰어듭니다.

　논 한 번 보고, 벼 한 번 만지고, 하늘 한 번 보고……. 해쌀이 걸음은 달팽이보다 느립니다. 해쌀이와 할아버지가 사는 곳, 바로 강화도입니다. 바닷물을 논에 뿌리는 신기한 이야기가 있고, 경운기가 잠수함으로 변하는 동화 같은 곳이지요. 묵묵한 걸음과 듬직한 웃음으로 지켜봐 주는 할아버지와 해쌀이가 뛰어노는 논에서 무럭무럭 벼가 자랍니다.

　씻나락(볍씨) 넣기를 할 때면 할아버지는 "드물면 먹고, 배면 못 먹는다."고 하십니다. 모내기를 할 때는 "넘치면 독이 되고 적당하면 약이 된다." 하시고요. 할아버지의 삶이 담긴 한마디 한마디는 해쌀이에게 큰 울림으로 다가옵니다. "땅은 내 몸이다."며 농약을 치지 않고 천연 퇴비를 쓰며 바닷물을 뿌리는 할아버지. 이러한 정성 속에 땅은 건강해져 우렁이와 지렁이가 늘어나고, 맛나고 건강한 쌀이 만들어집니다.

사람이 아니라 땅이 중심이 되는 농사를 통해 세상 사는 이치를 전하고 싶었습니다. 자연을 소중히 여기면 결국 그만큼 아니 그 이상 돌아오는 이야기를 전하고 싶었습니다. 할아버지가 벼뿐만 아니라 벼가 자라는 땅을 건강히 지켜 내듯 겉모습과 아울러 마음을 튼튼히 가꿔야 함을 말하고 싶었습니다. 우리가 식탁에서 마주하는 쌀 한 알 한 알에 삶의 지혜와 꿈을 담아내고 싶었습니다.

올해는 가뭄 때문에 강화도의 논이 고생을 많이 했습니다. 이 책이 나올 때쯤이면 해쌀이네 논에서도 역경을 이겨 낸 쌀이 식탁에 오르겠지요. 몸에 좋고 맛난 밥을 마주하며 해쌀이를 떠올리고, 태풍과 바람과 가뭄에도 튼실하게 자라 준 벼에게 감사하는 마음을 가졌으면 합니다.

3대째 농사를 지으며 할아버지 농사법을 설명해 주고 침종, 도기치기, 득신일 등 재미난 농사 이야기를 들려주신 강형만 농부님께 감사드립니다. 예쁜 그림을 그려 주신 심보영 그림 작가님과 이은아 편집장님, 이다겸 에디터님의 꼼꼼하고 따뜻한 손길도 많이 고맙습니다. 빵에 밀려 점점 설 자리를 잃고 있는 우리 쌀을 많이 사랑해 주세요. 집집마다 품고 있는 다양한 장맛만큼이나 다양한 농사 비법으로 우리 농부들이 일궈 낸 우리 쌀 맛에 모두 푹 빠지면 좋겠습니다.

2015년 가을, 사그락사그락 벼 이삭이 몸을 부비는 날에

이동미·윤서원

할아버지, 제 이름은 누가 지었어요?
할아버지가 지었단다.
해쌀이가 무슨 뜻이에요?
해쌀이의 해는 바다 해(海)란다.
바닷물로 농사지은 맛있는 쌀이라는 얘기지.

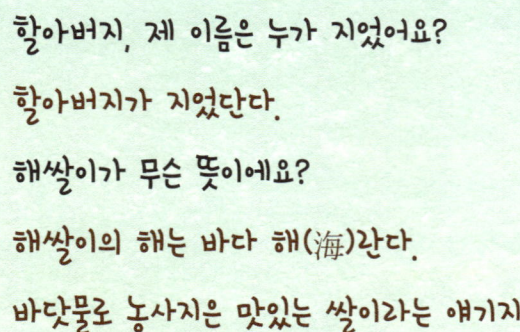

차례

봄

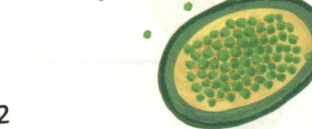

가라앉는 볍씨가 튼실해요!	12
볍씨를 모판에 넣어요	20
모내기하는 날	24

여름

바닷물이 논을 덮쳤어요	32
바닷물을 논에 뿌린다고요?	40
벼꽃이 날씨를 알려 줘요	46
태풍이 와도 끄떡없어요	50

가을

벼가 쑥쑥 자라요	54
참새와 싸워요!	60
벼 베는 날이에요	64
진정한 쌀 맛!	68

겨울

땅에서 난 것은 땅에 돌려주어요	74
땅은 내 몸이래요!	80
해쌀이의 소원	84

부록

다양한 농사법을 알아보요	88
벼농사에 대한 모든 것	92
시대별로 알아보는 벼농사 연대표	94

봄

못자리 만들기

밑거름 주기 및 써레질

모내기

가라앉는 볍씨가 튼실해요!

해쌀이는 아침 일찍 일어나 달걀을 가지러 닭장에 갔어요.
아침마다 부엌에 달걀 가져다 두기. 해쌀이가 맡은 임무랍니다.
금방 낳은 달걀을 꺼내면 따끈하고 감촉이 좋아요.
"해쌀아, 내일은 달걀이 필요하니 잊지 말고 준비해 두거라."
어제는 할아버지께서 특별히 신신당부하셨어요.
그런데 오늘 아침 달걀을 가지러 간 해쌀이는 깜짝 놀랐어요.
닭장 안 달걀이 감쪽같이 사라졌거든요.
어떡하죠?

해쌀이가 학교에 다녀오니
할아버지는 마당 가득 가마솥과 옹기
그리고 탈망기로 거른 씨앗을 준비해 두셨어요.
탈망기는 쭉정이와 까락을 날려 보내 알찬 볍씨를 골라 주는 기계예요.
불을 지핀 아궁이에서는 물이 데워지고 있었지요.
해쌀이를 보자 할아버지가 환하게 웃으며 일어나셨어요.

할아버지는 해쌀이를 데리고 논으로 가셨어요.
"고수레*, 이 막걸리 먹고 맛있는 쌀을 만들어 주시겨*."
할아버지가 논둑에서 막걸리를 뿌리며 소리치셨어요.
군데군데 잔설이 남아 있지만 해가 잘 드는 논둑에는
냉이가 얼굴을 내밀고 인사했어요.
"해쌀아, 벼는 농부의 발소리를 듣고 자란단다."
하지만 해쌀이 귀에는 아무 말도 들리지 않았어요.
해쌀이 머릿속에는 온통 달걀 생각뿐이었거든요.
도대체 달걀이 어디로 갔을까요?
누가, 왜 가져갔을까요?

*고수레: 산이나 들에서 음식을 먹을 때나 고사를 지낼 때, 신에게 먼저 바친다는 뜻으로 음식을 조금 떼어 던지는 것

*~시겨: 강화도 사투리

할아버지는 씨앗을 따뜻한 물에 십 분 정도 담그셨어요.
그다음 찬물에 오 분 정도 담그셨지요.
볍씨를 따뜻한 물과 차가운 물에 번갈아 담가
소독하는 온냉 소독법이에요.
온냉 소독을 하면 벼가 병에 걸리지 않고 튼튼해져요.
온냉 소독을 한 뒤 할아버지는 커다란 항아리에
물을 붓고 소금을 푸셨어요.
그러고는 해쌀이에게 달걀을 가져오라 이르셨지요.
해쌀이는 가슴이 콩닥콩닥 뛰었어요.
할아버지께는 아무 말씀도 못 드리고
혹시나 싶어 닭장으로 다시 뛰어갔지요.

혹시 닭이 달걀을 감춘 걸까요?
역시나 닭장에는 달걀이 없었어요.
"해쌀아, 얼른 달걀 가지고 오너라."
해쌀이는 얼굴이 빨개지면서 울음이 나올 것만 같았어요.
그때였어요.
꿈틀꿈틀 암탉이 엉덩이를 씰룩거리더니,
동그랗고 뽀얀 알을 쏙 낳았어요.
세상에나!
낮에는 알을 낳지 않는 닭이 웬일일까요?
"할아버지, 여기 있어요."
해쌀이는 재빨리 달걀을 손에 쥐고
할아버지께 달려갔어요.

할아버지가 소금물이 담긴 항아리에 달걀을 살며시 넣으셨어요.
달걀은 아래로 가라앉는가 싶더니 다시 둥둥 떠올랐어요.
달걀이 둥둥 떠오르면 염도가 딱 알맞게 되었다는 뜻이에요.
할아버지가 소독한 볍씨를 소금물이 든 항아리에 부으셨어요.
조금 있으니 어떤 볍씨는 가라앉고
어떤 볍씨는 물 위에 동동 뜨지 뭐예요.
떠오른 볍씨는 쭉정이라며 할아버지가 걷어 내셨어요.
밑으로 가라앉은 볍씨야말로 알곡이 충실한 볍씨라고 하시면서요.

소금물을 만들어요. 　　소금물에 볍씨를 넣어요. 　　볍씨가 위로 둥둥 뜨거나 가라앉아요.

소금물에 가라앉은 볍씨를 건져 맑은 물속에 며칠을 두어요.
이를 '침종'이라고 해요.
침종을 해야 싹틔우기(발아)가 잘되고 벼가 병이 나지 않는대요.
볍씨를 다루는 할아버지의 손길은 조심스럽고 정성스러웠지요.

둥둥 뜬 볍씨를 버려요.

가라앉은 볍씨를 맑은 물속에 넣어요.

하지만 해쌀이는 아직도 달걀 생각뿐이에요.
도대체 왜 아침에는 달걀이 없었을까요? 늘 있었는데 말이에요.
혹시 누가 훔쳐 간 게 아닐까요? 그렇다면 달걀 도둑은 누구일까요?
목이 컬컬하다고 늘 말씀하시는 아버지일까요?
아침상에 올라온 달걀말이가 그 달걀이었을까요?
아니면 고양이가 물어 갔을까요?
그것도 아니면, 혹시 옆집에 새로 이사 온 그 녀석 짓일까요?

볍씨를 모판에 넣어요

4월이 되었어요.
산과 들에 파릇파릇 새싹들이 올라왔어요.
해쌀이는 학교가 끝나 집으로 가려고 했는데
영농이가 게임기를 새로 샀다며 구경하고 가래요.
영농이는 지난달 서울에서 전학 온 같은 반 친구예요.
온 가족이 귀농을 했대요.
영농이네는 해쌀이네 옆집으로 이사를 왔는데
못 보던 신기한 물건들이 많아요.
구경시켜 주는 것까지는 좋은데 만날 자랑을 해요.
"너희 집엔 이런 거 없지?" 하면서 촌놈이라 놀리기도 하고요.
이제는 자기도 촌에 사는 촌놈인데 말이에요.
오늘도 자기네 집에 가자고 조르는데
컴퓨터 게임을 하고 싶지만 으스대는 꼴이 보기 싫었어요.

아무튼 오늘은 일찍 집에 가야 해요.
할아버지가 침종했던 볍씨를 가져와 씻나락 넣기를 한다고 했거든요.
싹이 튼 볍씨를 모판에 넣는 작업을 '씻나락 넣기'라고 해요.
할아버지는 볍씨를 모판에 듬성듬성 넣으셨어요.
"드물면 먹고 배면 못 먹는다." 하시면서요.
해쌀이는 알 듯 말 듯한 할아버지 말씀에 고개를 갸우뚱했어요.

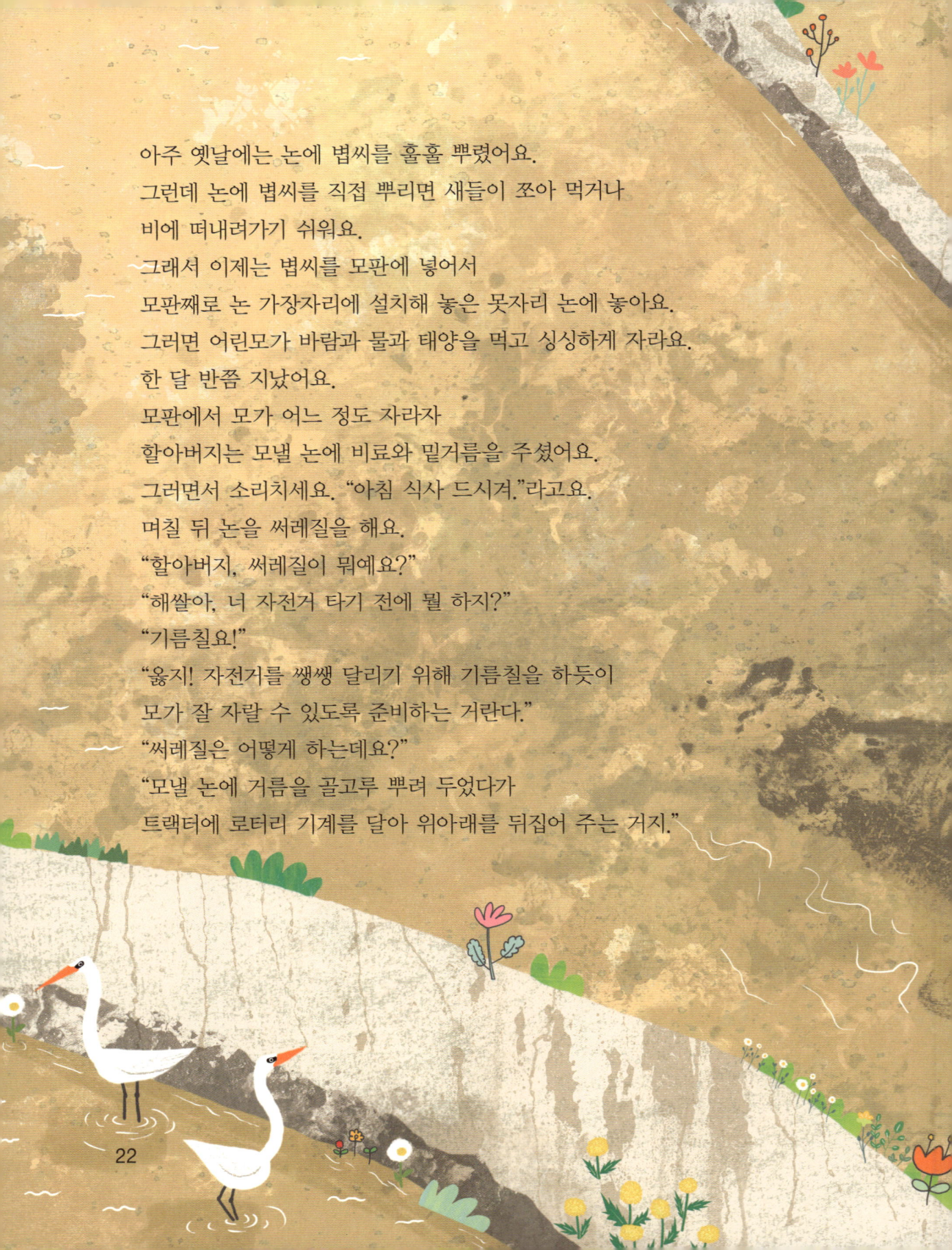

아주 옛날에는 논에 볍씨를 훌훌 뿌렸어요.
그런데 논에 볍씨를 직접 뿌리면 새들이 쪼아 먹거나
비에 떠내려가기 쉬워요.
그래서 이제는 볍씨를 모판에 넣어서
모판째로 논 가장자리에 설치해 놓은 못자리 논에 놓아요.
그러면 어린모가 바람과 물과 태양을 먹고 싱싱하게 자라요.
한 달 반쯤 지났어요.
모판에서 모가 어느 정도 자라자
할아버지는 모낼 논에 비료와 밑거름을 주셨어요.
그러면서 소리치세요. "아침 식사 드시겨."라고요.
며칠 뒤 논을 써레질을 해요.
"할아버지, 써레질이 뭐예요?"
"해쌀아, 너 자전거 타기 전에 뭘 하지?"
"기름칠요!"
"옳지! 자전거를 쌩쌩 달리기 위해 기름칠을 하듯이
모가 잘 자랄 수 있도록 준비하는 거란다."
"써레질은 어떻게 하는데요?"
"모낼 논에 거름을 골고루 뿌려 두었다가
트랙터에 로터리 기계를 달아 위아래를 뒤집어 주는 거지."

"그럼 모가 잘 자라나요?"
"그렇고 말고. 거름이 땅속으로 들어가면서 딱딱한 흙이 잘게 쪼개지고 부드러워지지. 그럼 벼 뿌리가 쭉쭉 뻗어 나가고 모가 신나게 자란단다."
"써레질은 언제 하는데요?"
"모내기하기 일주일쯤 전에 하지."

모내기하는 날

드디어 모내기하는 날이 되었어요.
모내기는 모를 못자리에서 논으로 옮겨 심는 일이에요.
모내기하는 날은 잔칫날 같아요.
먹을거리가 많고 친척들도 많이 오거든요.
위이잉 소리를 내며 이앙기가
모판에서 빼낸 어린모를 논에 척척 심어요.
기계가 못 가는 곳은 사람이 직접
모를 심어야 해요.
할아버지가 해쌀이를 부르세요.

올해부터 해쌀이는 할아버지께 농사를 배우기로 했어요.
할아버지가 옛날에는 전부 손으로 모를 내었다며
농부는 모를 직접 심어 봐야 한대요.
처음으로 논에 들어가려니 해쌀이는 덜컥 겁이 났어요.
발끝이 물컹물컹 한없이 땅속으로 빨려 들어갈 듯했거든요.
거머리도 무서웠고요.
발이 푹푹 빠져 엉덩방아를 찧기도 했어요.
그런데 어느 순간부터인지 논에 있는 게 어색하지 않고 좋았어요.

26

발가락 사이로 보드라운 진흙이 올라오면 간질간질 감촉이 좋아요.
해 좋은 날엔 논물이 엄청 따뜻하고요.
영농이가 해쌀이를 불러요.
자기네 논을 구경시켜 준대요.
해쌀이네 논은 모가 듬성듬성한데
영농이네 논은 빼곡하니 파릇파릇 예뻐요.
"해쌀아, 너네 논은 왜 저 모양이야? 우리 논 좀 봐라.
빼곡한 게 예쁘지? 만날 농사지었다면서 참 못나게도 심었네."
영농이의 말에 해쌀이는 씩씩대며 집에 왔어요.
할아버지께 말씀드리니 별일 아니래요.
할아버지는 화도 안 나시나 봐요.
할아버지 대답에 해쌀이는 더 기분이 상했어요.

할아버지는 해쌀이를 논에 데려가셨어요.
못생겨서 보고 싶지도 않은 논을 바라보라고 하셨어요.
"해쌀아, 잎노 자랑은 딸 자랑이라 했단다."
"잎노가 뭐예요?"
"풋벼란다. 풋벼가 시퍼렇게 보이는 건 모를 많이 심었다는 뜻이야.
농사는 말이다 드물면 먹고 배면 못 먹는단다.
듬성듬성 드물게 심으면 잘 먹고
촘촘히 배게 심으면 먹을 게 없다는 말이지.
옛날에 딸은 시집가면 그만이라며 나가는 자식이라고 생각했지.
그래서 풋벼 자랑은 나가는 농사라는 뜻이야."
해쌀이는 이해가 안 가 할아버지를 물끄러미 쳐다봤어요.
"모판에 씻나락을 넣을 때 욕심부리고 촘촘히 뿌리면
어린모가 옆의 모보다 잘 자라려고 용을 쓰느라
키만 크고 부실한 모가 된단다.
모를 심을 때도 마찬가지야. 욕심을 내어 촘촘히 심으면
키만 삐죽하니 크고 줄기가 가늘어져 낟알이 부실해지는 법이지.
널찍널찍 심어야 벼들이 마음껏 자라고, 햇볕을 충분히 받아야
구석구석까지 해가 들어 병균이 발을 못 붙인단다.
그게 바로 '드물면 먹고 배면 못 먹는다'는 뜻이야."

"아, 영농이가 한 말이 잎노 자랑이구나."
"그렇지, 풋벼가 촘촘하면 못써.
웃자라서 잎만 무성하고 속은 부실한 모가 된다는 얘기란다.
가을이 되면 저절로 알게 될 거다.
알곡이 주렁주렁 열리는 알곡 농사를 말이다.
넘치면 독이 되고 적당하면 약이 되지.
세상 사는 일도 다 마찬가지란다.
진짜 농부는 욕심을 내지 않는 법이지."
할아버지가 해쌀이를 꼭 안아 주었어요.

여름

이삭 거름 주기

2차 바닷물 주기

피사리(피 뽑기)

바닷물이 논을 덮쳤어요

모내기를 한 논에서 모가 쑥쑥 자라고 있어요.
병아리 솜털처럼 부드럽던 모가
다리에 힘을 주고 걸음마를 시작하는 송아지처럼
불어오는 바람에 제법 빳빳하게 힘을 주지요.
연두색에서 날마다 조금씩 초록색으로 변하는 논은
바람이 불면 낭창낭창 하늘거려요.
그 위에 덜렁 누우면 하늘의 솜사탕 구름보다
부드럽고 폭신할 것 같아요.
할아버지는 아침마다 해쌀이의 손을 잡고
논을 둘러보러 가세요.

할아버지는 논둑에 가만히 앉아 있으면
벼가 자라는 소리가 들리신대요.
해쌀이도 가만히 귀 기울여 보지만
아무 소리도 들리지 않아요.
참 이상해요.
할아버지는 아침저녁으로 논둑을 거닐며
모가 자라는 모습을 보면 배가 부르시대요.
해쌀이는 동네 형들이랑 미꾸라지를 잡아
펄펄 끓여 먹어야 배가 부른데 말이에요.
그것도 참 이상해요.

모내기를 하고 나서 보름쯤 되면 가지 거름을 주어요.
"점심 드시겨." 하면서요.
가지를 쭉쭉 뻗으며 잘 크라고 주는 거래요.
이때 병해충을 예방하기 위해 우렁이를 뿌려 주거나 오리를 풀어 놓아요.
제초제를 뿌리지 않는 논은 우렁이 농법이나 오리 농법을 하거든요.
엊그제는 영농이가 논에 있는 우렁이를 보고는
신기하게 생겼다며 해쌀이더러 같이 잡자고 했어요.
그러다가 할아버지가 오시니 자기 혼자 잽싸게 달아나 버렸어요.
결국 옆에 있던 해쌀이만 혼이 났지요.
할아버지는 소금쟁이며 우렁이, 다슬기같이
논에 사는 생물들이 논의 또 다른 주인이래요.
모는 먹지 않고 물속에 있는 풀만 모두 먹어 치워 주거든요.
이 고마운 친구들 덕분에 제초제를 쓰지 않아도
건강하고 생명력 넘치는 논이 된대요. 그런데 그걸 잡으면 어떡하느냐고요.
지난번에는 해쌀이와 영농이가 같이 오리 알을 주웠어요.
함께 오리 알을 삶기로 했는데 영농이는 게임만 했어요.
해쌀이도 화가 나서 불에 올려 놓은 냄비를 그대로 두고
영농이 옆에 가서 게임을 했어요. 둘 다 게임에 정신이 팔린 나머지
냄비를 홀랑 태워 먹어 엄마한테 혼이 났지요.
어찌된 일인지 해쌀이는 영농이한테 만날
당하는 기분이에요. 해쌀이는
이제 영농이랑 놀지 않기로
마음먹었어요.

그래서 해쌀이는 영농이랑 노는 대신
할아버지를 따라 도기치기를 하러 갔어요.
모내기를 하고 한 달쯤 되면 도기치기를 해요.
논의 가장자리를 따라 물길을 만드는 건데
도기치기를 해 두면 가을에 물을 빼기 좋대요.
가을뿐 아니라 모내기를 한 지 한 달이 지나면
벼에 물이 그다지 필요 없대요.
오히려 물을 빼 줘야 뿌리가 물과 영양분을 찾아
쭉쭉 뻗어 나가며 벼가 튼튼하게 자란대요.
할아버지는 사람에게 인간성이 중요하듯
식물에게는 뿌리가 중요하다고 늘 말씀하세요.
벼가 뿌리를 박고 굳건히 서야 하기 때문에
땅 밖으로 나온 부분과 땅속 뿌리 부분의 길이가 거의 같아야 한대요.
튼튼히 뿌리를 내려야 태풍에도 끄떡없고 자생력이 좋다고요.
뿌리가 약하면 거름을 줘도 다 먹지 못한대요.

저만치 떨어진 곳에서 영농이가 보였어요.
만날 해쌀이를 놀려 먹는 재미로 사는 영농이가
울상이 되어 뛰어가고 있었어요.
무슨 일일까요?

이장님이 주민 방송을 하셨어요.
태풍 때문에 영농이네 작은 논이 바닷물에 잠겼대요.
만조 때 열려 있는 수로의 수문으로 바닷물이 들어와
논을 덮쳤다는 거예요.
할아버지는 벼가 바닷물에 잠기면 전부 죽어 버린다며
황급히 집으로 가셨어요.
어떡하죠? 영농이가 다시 이사 가 버릴지도 몰라요.
할아버지와 아버지가 양수기를 들고 영농이네 논으로 달려갔어요.
마을 사람들도 모두 영농이네 논에 모였어요.
종일 양수기로 논의 물을 빼고
다시 새 물을 넣어 바닷물에 잠긴 벼를 씻고 또 씻었어요.
영농이네 벼가 탈 없이 잘 자라기를 바라요.
그리고 영농이를 걱정하는 해쌀이 마음도 알아주면 좋겠어요.

논두렁에 우두커니 서 있던 영농이가 쭈뼛쭈뼛 해쌀이에게 다가왔어요.
"해쌀아, 고마워. 지난번에 나 때문에 혼난 거 미안했어."
해쌀이는 속으로 놀랐지만 겉으로는 아닌 척했어요.
"괜찮아. 벼가 잘 자라면 좋겠어."
해쌀이와 영농이는 서로를 바라보며 싱긋 웃었어요.

바닷물을 논에 뿌린다고요?

할아버지가 해쌀이를 부르셨어요.
해쌀이는 영농이와 놀 생각에 잔뜩
마음이 부풀어 있는데 말이에요.
"해쌀아, 물 뜨러 가자."
해쌀이는 약수터에 물을 뜨러 가는 줄 알았어요.
그런데 경운기에 커다란 물통이 잔뜩 실려 있었어요.
바닷물을 담아 올 거래요.
"할아버지, 바닷물은 뭐하게요?"
"논에 뿌려 주려고 그러지."
"네? 논에 바닷물을 뿌린다고요?"
해쌀이는 어안이 벙벙했어요.
영농이네 논에 바닷물이 들었을 때,
할아버지가 벼에 소금기가 닿으면
죽는다고 하셨는데 말이에요.

털털털 경운기가
선수포구로 달려가요.
옛날에는 소달구지에,
그보다 더 옛날에는
지게로 물을 길어 왔대요.
한 시간 반씩이나 걸리는 길을 걸어서
물통에 바닷물을 담아 왔는데
도중에 흘리기라도 하면
할아버지의 할아버지에게서
불호령이 떨어졌대요.

"할아버지, 왜 벼한테 바닷물을 줘요?"
"벼가 튼튼하게 자라라고 그러지."
"바닷물을 주면 벼가 죽지 않아요?"
"허허, 바닷물을 그냥 주면 죽지.
바닷물 주는 비법이 따로 있으니 염려 마라."
"비법요?"
"그래. 바닷물에는 설명할 수 없을 만큼 좋은 성분이 듬뿍 들었지.
또 강화도의 논은 원래 바다였던 곳이라
엄마 물인 바닷물이 오면 논이 아주 기뻐한단다."
"할아버지가 어떻게 아세요?"
"할아버지는 다 안다. 논둑의 콩도 바닷물을 뿌려 주면
비린내가 안 나고 알이 단단해지거든."
해쌀이는 도무지 무슨 소리인지 잘 모르겠어요.
그런데 왜 선수포구에 가서 물을 퍼 올까요?
"기(氣)가 좋은 물이라서 그렇지.
좋은 기가 아주 많이 나와 생기처(生氣處)라고도 부른단다.
저기 마니산 꼭대기는 단군 할아버지가
하늘에 제를 올린 곳이기도 해.
마니산은 백두산 천지와 한라산
백록담의 중간에 있단다."

백두산 천지

"할아버지는 기가 보여요? 그런 걸 어떻게 알아요?"
"오래 살다 보면 다 아는 수가 있단다.
좋은 기가 있으면 몸이 가벼워지고 마음이 편안해지거든."
할아버지는 해쌀이가 모르는 걸 참 많이 아세요.

마니산

한라산 백록담

지금 할아버지와 해쌀이가 경운기를
타고 가는 이 길이 옛날에는 바다였대요.
"마니산은 원래 고가도(古加島)라는 섬이었어.
그래서 단군 할아버지도 제사를 지내러 갈 때면
배를 타고 노를 저어 가셨단다.
그런데 조선 시대 숙종이라는 임금님이
마니산 주변 바다를 메워 땅을 만들었지.
마니산에서 흘러내리는 좋은 기가
바다와 만나는 곳이 바로 선수포구야.
그래서 선수포구로 물을 뜨러 가는 거란다."
해쌀이는 갑자기 경운기가 잠수함처럼 느껴졌어요.
해쌀이는 바닷속을 누비는 잠수함의 선장이고요.
옆으로 보이는 논 위로 물고기와 바다거북이
지나가는 기분이었어요.

할아버지는 정성껏 길어 온 바닷물을 민물과 섞어
소금기를 약하게 만드셨어요.
바닷물의 양보다 50배 아니 100배나 민물을 섞는가 봐요.
비율을 물어보니 그때그때 다르대요.
바닷물은 보름에 한 번씩 세 번 논에 뿌리는데
바람에 날아가면 안 되니까 아침 일찍이나 저녁에 뿌려요.
그러면 쌀알이 탱글탱글하고, 밥을 해서 두었다가 데워도
냄새가 나거나 색이 변하지 않아요.
물론 맛도 엄청 좋고요.
이제껏 몰랐는데 할아버지는
해마다 논에 바닷물을 뿌리고 계셨어요.
이게 할아버지 농사의 비법이었나 봐요.

벼꽃이 날씨를 알려 줘요

할아버지는 이삭 거름을 주러 또 논으로 향하셨어요.
"저녁 드시겨. 많이 드시고 알곡이 주렁주렁 달리게 해 주시겨."
할아버지는 항상 논과 이야기를 나누세요.
논에 두 번째 바닷물을 다 뿌리신 할아버지가
놀고 있는 해쌀이를 부르셨어요.
"해쌀아, 논에 피 뽑자."
"엥? 피를 뽑아요? 피를 뽑으면 벼가 죽지 않나요?"
해쌀이는 간이 콩알만 해졌어요.
사람이 피를 엄청 흘려 죽었다는 뉴스를 본 적이 있거든요.
사람처럼 빨간색은 아니더라도
벼의 피를 뽑으면 당연히 벼가 죽지 않을까요?
할아버지가 껄껄껄 웃으셨어요.
논에 자라는 풀 중에 '피'라는 것이 있대요.
잎이 벼와 비슷해서 구별하기 어려운데
이걸 뽑아내는 것을 '피 뽑기' 또는 '피사리'라고 한대요.
키가 삐쭉한 피를 하나 뽑아 보니 금방 이해가 되었어요.
해쌀이는 괜히 놀랐던 가슴을 쓸어내렸어요.

해쌀이는 피를 뽑다가 신기한 걸 발견했어요.
벼에 새하얀 밥알 같은 게 붙어 있는데
알고 보니 벼에 핀 꽃이래요.
벼꽃은 아무나 볼 수 없는 꽃이에요.
한 사흘쯤, 그것도 종일이 아니라
오전 10시에서 오후 4시 사이에만 피었다 오므라들어서
사랑하는 마음으로 벼를 대하는 사람만 볼 수 있대요.
해쌀이도 올해 벼꽃을 보았으니,
이만하면 해쌀이의 벼 사랑을 벼도 알아줄 것 같아요.

할아버지는 벼꽃으로 한 해 날씨를 미리 알고 계세요.
벼가 하루만 꽃이 피면 "올해는 가물 것이다." 하시고
열흘이나 꽃피고 오므리기를 반복하면
"올해는 비바람이 많겠구나." 하세요.
비가 많아 해 볼 날이 적을 것 같으면
벼가 알아서 여러 날 꽃을 피워 가루받이를 여러 번 하는 거래요.
반대로, 해가 쨍쨍 넘칠 것 같으면 미리 알아서 며칠만 꽃을 피우고요.
벼꽃이 어찌 일 년 날씨를 미리 알 수 있을까요?
정말 신기해요. 그리고 할아버지는 또 그런 걸 어찌 아실까요?

할아버지는 허허 웃으시며
옛날부터 전해 오는 '득신일'을 보시는 거래요.
득신일(得辛日)은 매년 초 벼농사가 잘될지 못될지를
점치는 풍습 중 하나예요.
정월 농사 달력에서 처음으로 신(辛)자가 들어간 음력 날의
숫자가 벼꽃이 피는 날의 수가 된대요.
정말 신기하죠?

태풍이 와도 끄떡없어요

알곡이 영글어 가는 논에 태풍이 올라왔어요.
하늘은 온통 어둡고 들판을 건너가는 바람 소리가 스산했어요.
처마를 두드리는 빗소리가 온 집 안에 가득하고
가끔씩 하늘이 쪼개질 듯 천둥 번개까지 쳤지요.
해쌀이는 무서웠어요.
할아버지와 아버지는 노란 비옷을 입고 삽을 들고 논으로 가셨어요.
막힌 물꼬가 없는지 확인한 뒤에, 논 구석구석을 살펴보았지요.
"할아버지, 우리 벼가 물에 떠내려가면 어떡하죠?"
영농이네 여름 논이 생각났어요.
"해쌀아, 벼를 정성껏 보살폈으니 벼들이 잘 이겨 낼 거야."
할아버지가 웃으면서 대답하셨어요.
할아버지는 하나도 걱정되지 않으신가 봐요.
해쌀이는 무섭고 걱정되는데.

그렇게 사흘이 지나고 반짝 해가 났어요.
벼들이 튼튼하게 뿌리를 박고 서 있어요.
넘어진 벼가 하나도 없어요. 모두들 태풍을 잘 견뎌 냈어요.
할아버지 말씀이 맞았어요. 해쌀이는 눈물이 날 것 같았어요.

가을

논둑 풀 깎기

벼 베기

벼가 쑥쑥 자라요

세 번째로 바닷물을 뿌려 준 벼가 쑥쑥 자라요.
할아버지는 날마다 논을 바라보고
벼를 쓰다듬으며 흐뭇한 미소를 지으세요.
손톱으로 누르면 하얀 물이 나오던 낟알이
뜨거운 햇볕을 받으며 점점 딱딱하고 단단해져요.
이런 걸 등숙기(登熟期)라고 한대요.
할아버지는 어려운 단어를 많이 아세요.
벼는 참 신기해요.
봄에 뿌린 한 알의 볍씨에서 모가 나고 줄기가 갈라져
각 줄기마다 알곡이 맺혀요.
이렇게 맺힌 알곡이 모두 200알이나 돼요.
알곡 하나가 200알로 늘어나는 거예요.

할아버지 말씀을 듣고 세어 보았는데 세다가 까먹고
또 세다가 까먹어서 결국 한 줄도 다 세지 못했어요.
농사는 참 대단해요. 쌀 한 톨도 봄 여름 가을 겨울
정성스럽게 다루어 200알로 만들어 내다니.
쌀 한 톨도 그냥 버리면 안 되겠다는 생각이 들어요.
벼가 익어 가면 할아버지는 추수를 위해 논물을 빼요.
바닥이 말라야 해가 잘 들어 벼가 옹골차게 여물고
벼를 베어 낼 기계도 들어갈 수 있어요.
논둑 풀도 깎는데 제초제를 안 쳐서인지 풀이 자꾸만 자라요.

서서히 황금 들녘이 되어 가요.
할아버지가 해쌀이를 데리고 마니산에 오르셨어요.
군대에서 휴가 나온 삼촌도 함께 올랐어요.
삼촌은 훤칠하게 키가 크고 잘생겼어요.
팔이랑 가슴에 근육이 돌처럼 단단해요.
텔레비전에서 보던 멋진 연예인 같아요.
힘도 엄청 세서 할아버지와 해쌀이 짐을 모두 등에 지고도
힘들어하지 않아요. 해쌀이도 번쩍번쩍 들고요.
"삼촌! 삼촌은 뭘 먹고 그렇게 키가 컸어?"
해쌀이는 키가 큰 삼촌이 참 부러워요.
작은 키 때문에 친구들이 놀려 대거든요.
"삼촌처럼 키 크고 싶어? 삼촌이 키 크는 비결을 알려 줄까?"
"응!"

해쌀이는 마니산을 오르는 내내 비결이 궁금했어요.
그런데 비결은 안 알려 주고 삼촌은 경치만 감탄해요.
올라갈수록 멋지게 펼쳐지는 논 때문이에요.
마니산에는 언제 가도 멋진 풍경이 펼쳐져요.
봄이면 파릇한 논이, 여름이면 초록의 논이 펼쳐지지요.
할아버지는 가을 논이 가장 멋지다고 하세요.
보고만 있어도 행복하시대요.
한쪽엔 새파란 바다가 끝없이 펼쳐지고
바다를 막아 만든 논은 자로 잰 듯 반듯반듯하고
쭉쭉 뻗어 있어요.
온통 황금색으로요.
그나저나 삼촌의 키 크는 비결은 무엇일까요?

다음 날 해쌀이는 삼촌이랑 논에 갔어요.
가을이라 그런지 논에 메뚜기가 엄청 많아요.
할아버지 말씀으로는 농약 대신 자연에서 만든
천연 약제와 퇴비로 농사를 지어서 그렇대요.
논 사이를 걸어가면 마치 비가 내리듯
후드득후드득 메뚜기 뛰는 소리가 들려요.
해쌀이가 볏잎을 하나 뽑아 그 줄기에
메뚜기를 줄줄이 꿰어 집으로 가져갔어요.
때로는 아버지가 다 드시고 난 음료수 병이나
엄마가 기름을 담아 쓰시던 유리병에 담기도 하지요.
메뚜기를 집으로 가져가면 엄마가 커다란 솥뚜껑을 뒤집어서
메뚜기를 볶아 줘요. 가끔씩 기름에 튀겨 주기도 하고요.
기분이 좋으면 설탕도 살짝 뿌려 주는데
그러면 더 고소하고 달콤해져요.

갑자기 삼촌이 해쌀이를 불렀어요.
"해쌀아, 삼촌이 말이야."
삼촌이 귓속말을 하니 귀가 간질간질해서
무슨 말인지 도통 알 수가 없었어요.
"삼촌, 뭐라고? 잘 안 들려."
삼촌이 다시 말해 주었어요.
'아하, 그거였구나!'
갑자기 메뚜기가 정말로 맛나서
누구도 주고 싶지 않았어요.
실은 삼촌이 메뚜기를 먹고 키가 많이 자랐다고 했거든요.

참새와 싸워요!

가을 햇볕이 아주 따가워졌어요.
벼가 익어 가니 참새가 날아와 자꾸만 벼 이삭을 쪼아 먹어요.
할아버지가 허수아비를 만들자며 해쌀이를 부르셨어요.
뚝딱뚝딱 할아버지가 나무로 뼈대를 만드시면
해쌀이는 짚으로 살을 붙여 사람의 모습을 만들어요.
어깨랑 가슴에 짚을 많이 붙이면
해쌀이가 좋아하는 게임 속 전사처럼 되고요.
배에다 잔뜩 짚을 붙여 묶으면 건넛집 배불뚝이 할아버지처럼 돼요.
날씬한 누나 허수아비는 치마를 입고 빨간 립스틱을 바르고요.
아저씨 허수아비는 낡은 장화를 신었어요.
나무 막대가 사람으로 변하는 모양이 재미있어요.
이제 허수아비에 놀란 참새가 한 마리도 오지 않겠죠?
해쌀이는 생각만 해도 고소해요.

그런데 며칠이 지나자 허수아비가 무서워 도망갔던 참새들이
다시 논으로 날아왔어요.
돌멩이를 던져 쫓으면 포르르 날아가 건너편에 앉아요.
어떤 참새는 보란 듯이 허수아비 머리와 어깨 위에 앉기도 해요.
마치 해쌀이를 약 올리는 것 같아요.
할아버지와 영농이네 아빠가 해쌀이와 영농이에게
참새 쫓기 담당을 하래요.
허수아비 사이로 깡통을 매단 줄을 늘어뜨려
해쌀이와 영농이가 맞잡고 흔들기로 했어요.
구슬과 돌을 넣은 깡통이 흔들리면 요란한 소리가 나거든요.
해쌀이와 영농이가 가위바위보를 했어요.
영농이가 이겼어요.
해쌀이는 뜨거운 논둑에 앉아서 줄을 흔들고
시원한 원두막은 영농이 차지가 되어 버렸어요.

해쌀이는 참새가 올 때마다 줄을 흔들었는데
한참을 지나니 줄 흔드는 느낌이 이상해졌어요.
영농이를 불러도 대답이 없어요.
원두막으로 가 보니 영농이가 원두막 기둥에
줄을 묶어 놓고 잠이 들었어요.
약이 올라 발로 툭툭 차도 영농이는 일어나지 않았어요.
영농이가 잠든 원두막은 시원한 바람이 솔솔 불어요.
영농이 옆에 앉아 있자니 해쌀이도 슬며시 눈이 감겨 왔어요.
바람에 줄이 흔들리며 나는 깡통 소리가 점점 작아졌고요.

얼마나 지났을까요?
어디선가 해쌀이를 부르는 소리가 들려요. 영농이도 불러요.
참새들이 줄을 흔들어 해쌀이를 깨우는 꿈을 꾸었어요.
눈을 떠 보니 어렴풋이 할아버지, 아버지가 보여요.
엄마, 할머니 그리고 영농이네 아빠, 엄마까지
모두 영농이와 해쌀이를 내려다봐요.
참새 쫓다가 잠이 들어 혼날 줄 알았는데
엄마가 해쌀이를 살포시 안아 주었어요.
아버지가 해쌀이를 업고 논둑 사이를 걸어 집으로 가요.
아버지 등은 엄청 넓고 따뜻해요.
달그락달그락 밤바람에 깡통 소리가 들려요.
참새들은 모두 집으로 돌아갔는데 말이에요.

벼 베는 날이에요

벼가 알맞게 영글면 벼 베기를 해요.
벼를 베는 날은 모내기를 하는 날보다 더 신나고 바빠요.
사람들 입도 웃느라 함지박만 해져요.
해쌀이도 벼 베기 하는 날이 제일 좋아요.
엄마랑 할머니가 맛난 새참을 준비하시거든요.
아침부터 부엌이 시끌벅적해요.
해쌀이가 좋아하는 달걀과 소시지, 돼지고기 볶음도 있고요.
고소한 멸치 볶음이나 달달 볶은 김치도 맛있어요.
할아버지가 좋아하시는 막걸리도 있어요.

해쌀이는 할아버지를 따라
먼저 논으로 갔어요.
예전에는 사람이 낫으로 모두 베었는데
이제는 콤바인이라는 기계를 이용해요.
여러 사람이 낫으로 베어도 하루에 300평 작업하기가
어려운데 콤바인은 한 대가 7,000평에서 10,000평이나
작업이 가능해요. 거의 초등학교 운동장 10개 크기래요.
물론 콤바인 덕분에 눈 깜짝할 사이에 벼 베기가
하지만 기계로 못 벤 곳은 낫으로 베어요.
기계가 어디 사람처럼 구석구석 손이 닿나요?
낫으로 벼를 잡고 한 번에 샤삭 당기면 벼가 쑥 베어져요.
하지만 낫은 위험해서 해쌀이는 만질 수 없어요.

모내기하고, 김매고, 가물 때 물 대고,
허수아비를 만들던 힘든 일들은
'추수'라는 기쁜 날을 위해 있었나 봐요.
나락을 훑고, 볏짚을 자르고,
이삭을 줍는 일이 마치 즐거운 놀이 같아요.
그런데 할아버지가 작은 이삭은 줍지 말라고 하셨어요.
새들도 먹어야 한다고요.
하늘에는 고추잠자리와 된장잠자리가 잔뜩 날아다녀요.
농약을 뿌릴 때는 없었는데
천연 약제와 퇴비를 쓰니 논에 벌레들이 많아지고
벌레를 잡아먹으러 오는 잠자리와
메뚜기가 덩달아 늘어났어요.

시간이 얼마나 지난 걸까요?
해가 하늘 꼭대기에 걸려 있어요.
저 멀리서 엄마와 할머니가
커다란 함지를 머리에 이고 오세요.
목을 빼고 기다리던 새참 시간이 됐나 봐요.
야호! 해쌀이는 기분이 정말 좋아요.
해쌀이가 새참 나르는 걸 거들러 달려가요.

진정한 쌀 맛!

"해쌀아, 뛰지 마라. 다친다."
뒤에서 할아버지가 소리치셨어요.
"괜찮아요! 걱정 마세요, 할아버지."
해쌀이는 뒤를 돌아보며 할아버지께 찡긋 웃고
손을 흔들었어요.
"어어어어!"
그 순간, 쾅 하며 눈앞에 불이 번쩍했어요.
앞을 안 보고 달리던 해쌀이가 그만
벼 뿌리에 걸려 넘어졌어요.
그걸 보고 해쌀이를 잡으려던 엄마가 넘어지고
엄마를 붙잡으려던 할머니도 그만 꽈당 하고 넘어지셨어요.
새참 함지는 바닥에 나뒹굴며 와자작 부서지고 말았지요.

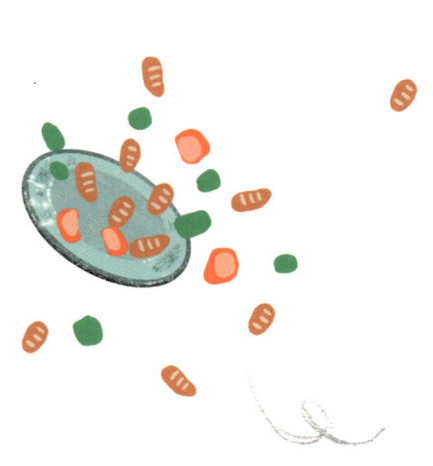

모두가 조용해요.
반찬을 모두 먹을 수 없게 되었어요. 겨우 밥만 남았어요.
그때 할아버지가 말씀하셨어요.
"얘들아, 어서 밥 먹자."
모두 서로의 얼굴만 멀뚱멀뚱 쳐다봤어요.
할아버지는 맨밥을 주먹으로 꾹꾹 뭉쳐 입에 넣으시고는
눈을 지그시 감고 오물오물 천천히 씹으셨어요.

"해쌀아 너도 따라 해 봐라."
'맨밥만?'
눈물이 찔끔 났어요. 하지만 어쩌겠어요?
해쌀이가 잘못해서 이렇게 되었는 걸요.
"해쌀아, 천천히 밥맛을 느껴 보거라.
반찬이랑 같이 먹으면 진정한 쌀 맛을 모르는 거다.
진짜 농부는 쌀 맛을 제대로 알아야 하는 법이지."
하는 수 없이 할아버지처럼 맨밥을 입에 넣고 오물거렸어요.
"할아버지, 밥맛이 고소하고 달콤해요."

"허허허, 그건 쌀눈 때문이란다.
영양소가 잔뜩 모여 있는 곳이야. 그런데 요즘 사람들은
요걸 싹 깎아 버리고 하얀 백미만 먹는다지? 쯧쯧."
"우아, 그럼 쌀눈을 꼭 먹어야겠네요. 어떤 게 쌀눈이에요?"
"요기요기, 좁쌀처럼 붙어 있는 노란 게 쌀눈이란다."
두 눈을 크게 뜨고 보니 쌀눈이 아주 귀엽게 생겼어요.
"해쌀이 덕분에 우리 모두 잊었던 밥맛을 제대로 보는구나.
잘했다, 해쌀아!"
할아버지가 허허 웃으며 머리를 쓰다듬어 주셨어요.
이럴 때 해쌀이는 어떤 표정을 지어야 하는 건가요?

겨울

유기질 거름 주기 → 갈갈이 → 도정

땅에서 난 것은 땅에 돌려주어요

벼를 거두어들인 논은 참 쓸쓸해요.
날도 추워졌는데 모자까지 벗었으니 많이 시릴 것 같아요.
그래서일까요?
할아버지는 콤바인으로 벼 베기를 한 뒤
볏짚을 듬성듬성 잘라 논 위에 덮어 두셨어요.
해쌀이는 영농이랑 그 위를 뛰어다니며 놀았어요.
볏짚을 하늘 높이 확 뿌렸다가
아래로 우수수 떨어지는 볏짚 사이를 누비며
뛰어다니는 재미도 쏠쏠했지요.
문득 영농이가 주머니를 뒤적뒤적하더니
장난감 권총을 꺼냈어요.
영농이가 새 장난감을 자랑하려나 봐요.

"해쌀아 이거 볼래?"
"나도 장난감 권총 있어."
"이것 봐. 그냥 장난감 권총이 아니야."
해쌀이가 자세히 보려고 다가갔어요.
영농이가 방아쇠를 당기니 불이 번쩍 났어요.
우아, 장난감 권총 모양의 라이터예요.
영농이가 "이거 진짜 불도 붙는다!" 하면서
볏짚을 몇 개 주워 들고 방아쇠를 당겼어요.
그러자 진짜로 볏짚에 불이 붙었어요.
"앗, 뜨거워!"
순간 영농이가 볏짚을 떨어뜨렸어요.
그 바람에 다른 볏짚에 불이 붙었어요.
순식간에 논에 불이 번졌지요.

큰일 날 뻔했어요.
마침 지나가던 어른들이 불을 꺼 주었지만
해쌀이는 아버지한테 엄청 혼이 났어요.
할아버지는 허허 웃고만 계세요.
다른 집은 볏단을 하얀 비닐로 둘둘 말아 두었다가
소 사료로 팔아요. 그러면 돈을 벌 수 있대요.
그런데 할아버지는 그렇게 하지 않으세요.
만약 그랬다면 해쌀이와 영농이가
불낼 일도, 혼날 일도 없었을 텐데 말이에요.
게다가 부자가 되었을 수도 있고요.
할아버지는 왜 볏짚을 팔지 않고 논에 덮어 두셨을까요?
갈갈이를 하기 위해서래요.
수확이 끝난 논에 볏짚을 잘라 덮어 두었다가
유기질 거름을 주고 트랙터로 갈아엎는 것을 '갈갈이'라고 해요.

"할아버지, 갈갈이를 왜 해요?"
"농사를 짓고 난 논은 겨울 동안 힘을 보충해야 한단다.
갈갈이를 해야 땅속 미생물이 많아져 비옥한 토양이 되지."
할아버지는 땅에서 난 건 땅으로 돌려주어야 한대요.
나무들이 자신의 낙엽을 퇴비로 삼아 영양분을 흡수하여
봄에 싹 틔우기를 반복하듯 말이에요.
이게 바로 자연의 순리래요.
그래야 땅이 제힘을 낸대요.

그런데 그거 아세요?
옛날에는 농사지을 때 모두 퇴비를 썼대요.
퇴비는 들판에서 자라는 풀과 똥오줌을 썩혀서 만든 거름이에요.
똥오줌은 사람과 가축의 똥오줌 또는 메추리의 똥으로도 만드는데
그중 사람의 똥이 가장 중요하대요.
사람이 눈 똥을 재와 섞어서 퇴비를 만들기도 하고요.
밖에서 놀다가도 오줌이 마렵거나 똥이 마려우면
집에 와서 누어야지, 다른 집에 가서 누면 혼이 났어요.
퇴비를 만들어야 했으니까요.

볏짚을 재로 만들어서 퇴비에 섞지만
논에 불을 질러 재로 만들지는 않아요.
아궁이에 볏짚을 땔감으로 사용한 뒤 남은 재를
사람의 똥과 섞는대요.
그러니 논에 불을 내는 건 아주 위험한 일!
절대로, 절대로 논에서 불장난하면 안 돼요!

땅은 내 몸이래요!

경운기를 타고 할아버지와 정미소에 갔어요.
"어르신, 올해도 벼농사가 아주 잘 되었시다*.
알곡이 야무지고 수확량도 동네에서 최고일시다*."
쌀 찧는 아저씨가 엄지손가락을 치켜들었어요.
쌀 찧는 것을 도정이라고 하는데
할아버지는 쌀눈을 떨어뜨리지 않고 도정해요.
쌀눈이 떨어진 쌀은 5퍼센트밖에 영양이 남지 않는대요.
쌀눈은 도정할 때 잘 떨어져 나가는 부분이라 기술이 필요해요.
쌀눈까지 고스란히 담은 할아버지 쌀이
정미 기계에서 후드득후드득 쏟아져요.
꼭 새하얀 쌀 비가 내리는 것만 같아요.
손으로 받기도 하고, 맞기도 하고, 먹어 보기도 해요.
세상에서 가장 귀한 쌀, 뽀얗고 단단한 쌀.
바닷물을 먹고 자란 쌀이에요.

*~시다: 강화도 사투리

영농이 아빠가 다가와요.
할아버지 덕분에 쌀을 잘 수확할 수 있게 되었다며
두 손을 잡고 인사해요. 고맙고 또 고맙대요.
할아버지 쌀을 보면서 할아버지께 제대로 된
농사법을 배우고 싶대요.
할아버지가 엄청 멋져 보여요.

해쌀이는 쌀을 보며 문득 궁금해졌어요.
"할아버지 왜 논에다 대고 아침 드시겨, 점심 드시겨, 저녁 드시겨 하세요?"
"해쌀아, '땅은 내 몸이다!' 라고 생각해 보렴."
우리가 아침 점심 저녁을 먹고 간식을 먹듯이 벼농사도 마찬가지래요.
봄에 '밑거름'을 주는 것이 아침이에요. 모심기 바로 전이지요.
너무 먹으면 부대끼니까 적당히 주어요.

여름이 되면 점심으로 '가지 거름'을 주어요.
벼의 가지가 뻗어 나가는 시기로
이때 주는 거름은 가지가 된대요.
역시 너무 많이 주지는 않아요.
사람도 점심을 많이 먹으면 졸리듯이
벼에 헛가지만 잔뜩 생길 수 있대요.
이삭이 생길 때쯤이면 저녁으로 '이삭 거름'을 주어요.
저녁을 많이 먹으면 비만이 되듯
벼도 이삭 거름을 많이 먹으면
열병이나 바람에 쓰러질 수 있으니
역시 많이 주지 않아요.

참, 거름을 적게 주는 대신 아침과 점심 그리고 저녁 사이에
비료와 유기질 퇴비를 간식으로 주어요.

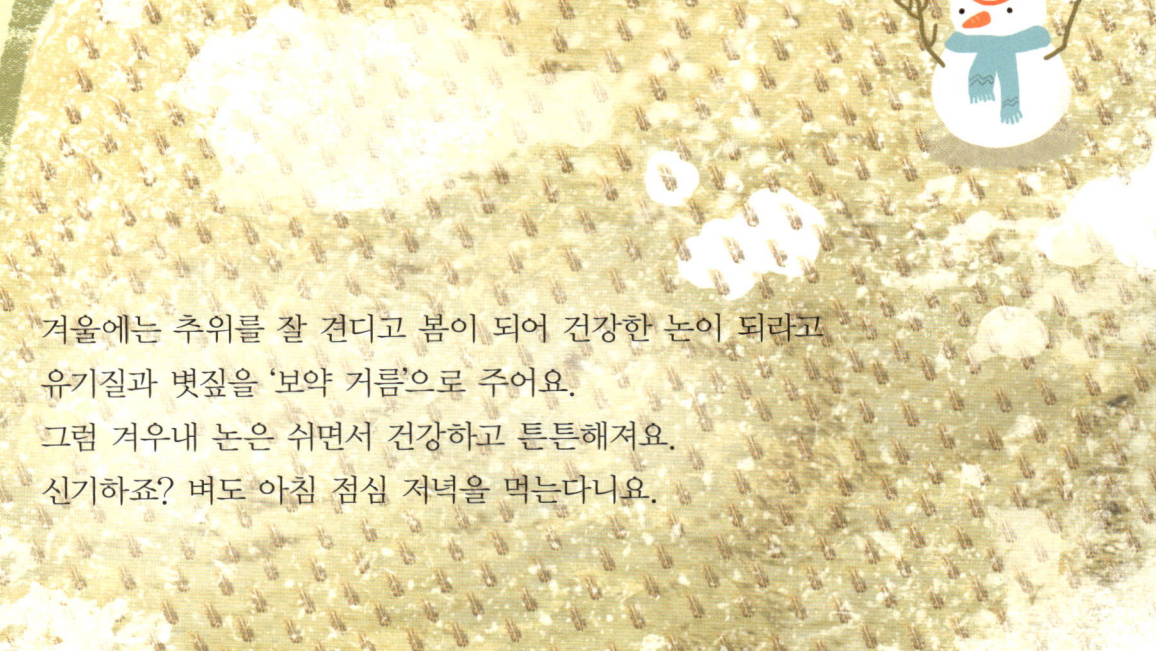

겨울에는 추위를 잘 견디고 봄이 되어 건강한 논이 되라고
유기질과 볏짚을 '보약 거름'으로 주어요.
그럼 겨우내 논은 쉬면서 건강하고 튼튼해져요.
신기하죠? 벼도 아침 점심 저녁을 먹는다니요.

해쌀이의 소원

길고 긴 겨울날 해쌀이는 짚으로 인형을 만들면서 놀아요.
짚을 꼬아 줄넘기도 해 보고요.
할머니는 강화도의 속노랑고구마로 엿을 만드시고
엄마는 설날 떡을 하고 만두를 빚어요.
그러다 고드름이 처마 밑에 매달리는 한겨울이면,
할머니와 엄마가 맷돌 앞에 앉아요.
해쌀이가 제일 좋아하는 쌀 찐빵을 먹게 되는 날이에요.
구르릉구르릉 천둥소리 같은 맷돌 소리에
희고 고운 쌀가루가 우수수 쏟아져 나와요.
쌀가루에 밀가루나 보릿가루를 알맞게 반죽해
그 안에 단팥 소를 넣고 다시 동그란 모양으로 빚어요.
한껏 부풀어 오르도록 기다렸다가 찜 솥에서 찌기만 하면 돼요.
빨리 먹고 싶다는 마음에 숙성 시간 없이 찜 솥에 넣으면 안 돼요.
그러면 제대로 된 맛이 안 나거든요.

"모든 일은 때를 기다릴 줄 알아야 한다."
할아버지가 말씀하세요.
기다릴 줄 아는 지혜가 농부에게 제일 중요한 마음이래요.
이제 기다리고 기다리던 찐빵을 먹을 시간이에요.
제일 큰 놈을 집어 반으로 쫙 가르니 김이 모락모락 피어올라요.
후후 불어 한 입 베어 무니 쌀 찐빵의 달큰하고 구수한 맛이
입안에 가득 퍼져요.
이 맛에 추운 겨울이 기다려지나 봐요.

바람이 살랑살랑 기분 좋게 불어요.
영농이가 해쌀이에게 놀러 왔어요. 연을 띄우자고 해요.
알록달록 방패연에 소원을 써서 하늘에 띄워 보내면
소원이 이뤄진다면서요.
연 위에 소원을 한 자 한 자 정성스레 적었어요.
영농이가 무엇을 썼느냐고 물어봐요.
해쌀이는 말해 주지 않기로 마음 먹었어요. 소원은 비밀이니까요.
연이 흰 구름을 타고 동동동 파란 하늘로 높이 오르자,
연줄을 힘껏 감았다가 끊어 해쌀이의 마음을 하늘로 올려 보냈어요.
소원이 꼭 이뤄지기를 바라면서요.
그렇게 겨울을 지내노라면 얼었던 땅이 조금씩 녹아요.
이것을 해토(解土)라고 해요. 땅이 풀린다는 뜻이에요.
강남 갔던 제비가 돌아오고 봄바람이 살살 불기 시작하면
쟁기로 땅을 깊게 갈아 주어요.

위아래를 완전히 바꾸어 주지요.
한 해의 농사를 위한 준비가 시작되는 거예요.
참, 해쌀이가 연에 쓴 소원이 뭔지 아세요?
"할아버지처럼 벼를 사랑하는 농부가 되고 싶어요.
그래서 할아버지처럼, 아니 할아버지 쌀보다 더 맛있는
대한민국 최고의 쌀을 만들고 싶어요."

다양한 농사법을 알아봐요!

최고의 제초꾼을 찾아라!
우렁이 농사법

농사는 풀과의 전쟁이라 할 정도로 풀을 없애는 제초가 어려운 과제예요. 제초제를 쓰지 않는 친환경 농법에서는 더욱 그러하지요. 친환경 농법으로 제초 문제를 해결하는 대표적인 방법이 우렁이 농법이에요. 우렁이는 풀을 아주 좋아하는 대식가랍니다. 우렁이가 풀을 좋아하니 벼도 먹지 않을까 걱정이 되나요? 우렁이는 물속의 풀만 먹는 습성이 있어요. 모를 물 밖으로 크게 키우면 우렁이는 벼를 먹지 않는답니다. 이 방법은 충북 음성의 최재명 농부님이 알아냈어요. 아들이 식용 우렁이 양식 사업에 실패해서 우렁이가 많이 남았대요. 이 우렁이들을 우연히 논에 풀어 놓았는데, 우렁이가 풀을 모조리 먹어 치웠어요. 이 일로 우렁이가 제초꾼으로 그만이라는 사실을 알게 되었답니다.

1인 6역의 멀티플레이어!

오리 농법

　오리 역시 친환경 농법에 등장하는 훌륭한 친구예요. 오리는 잡식성이어서 풀을 없애는 제초뿐만 아니라 병해충을 방지하는 역할을 해요. 논에 난 잡초를 뜯어 먹고 벼에 달라붙은 잡초 씨까지 먹어 또 다른 잡초가 번식하는 것을 막아 주거든요. 먹성 좋은 오리는 벼에 달라붙은 벌레들도 몽땅 잡아먹는답니다. 오리가 벼 사이사이를 오가니 통풍이 좋아져서 병해충 발생이 억제되고요.

　오리가 논에 살아서 좋은 점이 또 있어요. 오리가 논을 밟고 돌아다닐수록 벼가 자극을 받아 생명력이 강해지고 오리 똥은 훌륭한 거름이 되어 준답니다. 여러모로 도움을 주는 오리! 친환경 농법에 큰 도움을 주는 고마운 친구랍니다!

바닷물의 신비로운 힘
해수 농법

해수 농법은 말 그대로 바닷물로 농사짓는 것을 말해요. 바닷물에는 다양한 성분이 들어 있어요. 그래서 넓은 그릇에 바닷물을 담아 공기 중의 미생물이 들어가게 놔두면, 이를 발전시켜 바닷물 발효액을 만들 수 있어요. 바닷물의 미네랄과 미생물이 육지의 미생물과 합해져 엄청난 효과가 나타나지요. 이 발효액을 벼농사에 사용하면 병충해에 강해지고, 다양한 유기물이 깃들어 쌀이 맛있어져요.

벼농사뿐 아니라 밭농사나 과수원에서도 사용해요. 콩은 단단하고 비린 맛이 없어지고 감귤밭에 뿌려 주면 가뭄을 덜 타고 감귤이 달아져요. 해충뿐 아니라 바이러스로 인한 병해를 잡는 데에도 효과적이에요. 해남에서는 바닷물로 고구마를 기르는 해수 농법이 유명해요. 화학 농약이 필요 없지요. 강원도 양구에서는 제초제를 사용하지 않고 해수 농법을 도입해 최고급 명품 배를 생산하고 있어요. 신비한 바닷물은 농작물을 건강히 키우는 데 큰 힘이 되어 준답니다.

땅속의 부지런한 농사꾼!

지렁이 농법

지렁이 똥을 이용한 농법이에요. 지렁이가 많은 땅은 비옥하다는 말이 있어요. 지렁이는 땅속에 있는 유기물을 먹고 배변해서 땅을 기름지게 해요. 지렁이가 움직이면서 퇴비를 주는 거예요. 또 지렁이는 땅속을 다니면서 길을 만드는데, 이 길을 통해 공기와 물이 통하게 돼 땅이 건강해지지요. 더불어 지렁이 똥이 주변의 악취를 흡수하고 벌레와 해충을 막아 주는 역할까지 한답니다. 밭농사에 주로 이용해요.

Q. 쌀이 뭐예요?

벼에서 껍질을 벗겨 낸 알맹이가 쌀이에요. 쌀은 인류가 아주 오래전부터 먹었던 곡물이에요. 쌀은 먹으면 '살(肉)'이 되고 사람이 '살아(生)'가는데 없어서는 안 될 양식이므로 '살'이 '쌀'이 되었다고 해요. 한자로는 米(쌀 미)를 써요. 벼 이삭을 본뜬 상형 문자인데, 八十八로 쌀이 우리 입에 들어오기까지는 88번의 손길이 필요하다는 의미를 담고 있지요. 그만큼 잔손질이 많이 가는 벼농사의 특성을 표현한 글자랍니다.

Q. 벼농사는 언제부터 짓기 시작했나요?

벼농사는 기원전 7000~5000년경에 인도에서, 기원전 5000년경에 중국에서 재배되었다고 해요. 한반도에는 기원전 2000년경에 중국에서 들어와 일본까지 전해졌지요. 선사 시대 유적지에서 발굴된 탄화쌀이나 벼의 탄소동위원소 연대측정 등으로 벼농사가 이루어진 시기를 알 수 있어요. 경기도 여주군 흔암리와 평안남도 평양에서 출토된 탄화미(炭化米)는 그동안 발견된 고대미(古代米) 유물 중 가장 오래되었어요.

Q. 벼가 잘 자라기 위해서는 무엇이 필요한가요?

날씨 : 벼는 온도가 높고 비가 많이 오는 곳에서 잘 자라요. 또 비가 내리지 않을 때는 햇빛 비추는 시간이 길어야 생산량이 많아지지요. 우리나라는 여름이 덥고 비가 많이 오는 데다 장마철을 빼고는 햇빛이 강하게 내리쬐서 벼를 재배하기에 좋은 조건이에요.

물 : 벼는 자랄 때 물을 굉장히 많이 먹어요. 벼에 알곡이 맺힐 때까지 계속 물을 대 주어야 하지요. 그러려면 땅을 평평하게 하고 둑을 쌓아 물이 빠져나가지 못하게 해야 해요. 이렇게 해서 생겨난 것이 바로 '논'이에요.

땅 : 논을 만들기에 가장 쉬운 곳은 원래부터 평평한 땅이에요. 그래서 사람들은 넓은 평야에 논을 만들어 벼를 재배해 왔어요.

흙 : 벼를 재배하려고 평평한 땅에 논을 만들어 물을 대 주었는데 물이 모두 땅속으로 스며든다면 큰일이겠죠? 가늘고 고운 흙이라면 물이 스며들 공간이 적어 물이 잘 빠지지 않아요. 그래서 논에는 진흙처럼 고운 흙을 써요.

Q. 한국 사람들에게 쌀은 어떤 의미인가요?

한국 사람들은 쌀에 대한 애착이 많아요. 아기가 태어날 때가 되면 정성스럽게 준비한 쌀 한 그릇, 미역 한 다발과 더불어 정화수를 떠 놓고 삼신할머니에게 건강한 출산을 기원하죠. 아기가 태어나면 산모에게 쌀로 밥을 짓고 미역국을 끓여 먹였어요. 한 살이 되면 돌상에 쌀을 비롯해 실, 붓, 책 등을 놓아 아이의 장래를 점쳤지요. 또한 집 안에는 성주 단지, 집 뒤뜰에는 철륭 단지와 터주 단지 등을 모셨어요. 해마다 햅쌀로 갈아 담으면서 풍년과 가정의 행복을 기원했지요. 인생을 마감할 때는 시신을 염하기 전에 버드나무 젓가락으로 쌀을 세 번 떠 먹여서 배고프지 않고 저승까지 갈 수 있도록 했어요. 제사를 모실 때도 쌀로 지은 밥을 올렸으니, 쌀은 우리 민족에게 신앙이자 수호신이며 모셔야 할 경외의 대상이고 생활 그 자체였어요.

시대별로 알아보는 벼농사 연대표

- 1만 년 전부터 아시아 일부 열대와 아열대 지역에서 벼 재배 추정

선사 시대

- 경기도 여주, 부여 송국리 등의 탄화미 (炭化米) 출토로 청동기 시대에 벼농사가 시작되었음을 추정
- 고조선 8조법에 '사람을 다치게 하면 곡물로서 갚는다.'라는 항목 등장

청동기 시대
(기원전 2000년~기원전 1500년)

신석기 시대
(기원전 10000년~기원전 4000년)

- 3천 년 전, 중국을 통해 한반도로 쌀 재배법이 전해짐
- 북방으로부터 들어온 벼농사가 한반도 전역으로 퍼짐
- 돌도끼, 반달 돌칼 등 기구를 이용해 벼농사를 지음

삼한 시대
(기원전 300년~4세기)

- 마한, 변한, 진한에서 벼농사가 발달하여 쌀을 식량으로 사용
- 청동기보다 단단한 철기 농기구를 이용하여 벼농사가 발달하기 시작
- 농사에 가축을 이용함
- 서로 도움을 주고받는 '두레' 등장

- 국가 차원에서 장려, 벼가 주 작물로 재배됨
- 6세기 신라 지증왕 때 소를 이용한 농사법인 우경법 시작
- 우리 문헌 《삼국사기》 백제 다루왕 6년(서기 33년)에 '남택에서 처음 벼를 심었다.'라는 벼 농사에 관한 최초의 기록 등장

- 돌려짓기 하던 윤작법 대신 쉬지 않고 농사짓는 '연작법'이 보급됨
- 조선 초기, 물이 충분치 않아 이앙법(모내기법)이 금지됨
- 조선 후기, 수리 시설의 확충과 저수지 증가로 이앙법이 전국적으로 보급됨
- 세종대왕 때 《농사직설》을 편찬하여 우리나라 풍토에 맞는 농사법을 소개하고 농사 경험이 풍부한 전국 각 지역의 농부들의 지혜를 담음

삼국 시대
(4세기~7세기)

조선 시대
(14세기~20세기)

고려 시대
(10세기~14세기)

일제 강점기 이후
(21세기~현재)

- 고려 초기, 2년 동안 3가지 작물을 같은 땅에서 경작하는 '윤작법'이 시행됨
- 고려 전기, 농작물이 튼튼하게 자라도록 비료를 주는 '시비법'이 시행됨
- 고려 후기, 우경법에서 발전한 심경법(깊이갈이)이 보급됨
- 고려 후기, 일반 농작물을 거름으로 사용하는 '녹비법'이 동식물의 배설물을 거름으로 사용하는 '퇴비법'으로 발전
- 쌀이 물가의 기준이 되고, 월급으로 사용될 만큼 소중한 존재가 됨

- 수확량이 좋은 벼 품종이 다량 공급됨
- 경지 정리를 통해 관리가 수월해짐
- 편리한 농기구들이 다량 보급되어 영농이 기계화됨

어린이 농부 **해쌀이**

이동미·윤서원 글 | 심보영 그림

초판 인쇄일 2015년 10월 7일 | 초판 발행일 2015년 10월 12일
펴낸이 조기룡 | 펴낸곳 내인생의책 | 등록번호 제10호-2315호
주소 서울시 영등포구 당산동 4가 80 당산 SKV1 Center W1801호
전화 (02)335-0449, 335-0445(편집) | 팩스 (02)6499-1165
전자우편 bookinmylife@naver.com | 홈카페 http://cafe.naver.com/thebookinmylife
편집장 이은아 | 편집1팀 신인수 조정우 이다겸 김예지 | 편집2팀 강성구
디자인 안나영 김지혜 | 경영지원 김지연

ISBN 979-11-5723-213-0 (73520)

글 ⓒ 이동미·윤서원, 2015
그림 ⓒ 심보영, 2015

책값은 뒤표지에 있습니다.
잘못된 책은 구입처에서 바꾸어 드립니다.

이 도서의 국립중앙도서관 출판시도서목록(CIP)은 e-CIP홈페이지(http://www.nl.go.kr/ecip)와
국가자료공동목록시스템(http://www.nl.go.kr/kolisnet)에서 이용하실 수 있습니다. (CIP제어번호: CIP2015024943)